1-2

"따라쓰기 쉬운"

바른 글씨체와 받아쓰기

지원출판

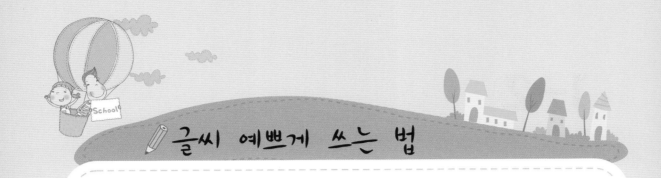

글씨 예쁘게 쓰는 법

　바른 자세는 예쁜 글씨의 기본조건입니다. 같은 사람이라도 필기구 잡는 법을 바꾸면 글씨체가 바뀝니다.

　필기구를 제대로 잡아야 손놀림이 자유롭고 힘이 많이 들어가지 않으며 글씨체도 부드러워집니다. 또 오른손이 필기구를 잡는다면 왼손은 항상 종이 위쪽에 둬야 몸 자세가 비뚤어지지 않습니다.

　글씨 연습의 원칙 중엔 '크게 배워서 작게 쓰라'도 있습니다. 처음부터 작게 연습을 하면 크게 쓸 때 글씨체가 흐트러지기 쉽기 때문입니다. 글씨 연습의 첫 출발은 선 긋기입니다. 선 긋기만 1주일에서 열흘 정도 연습해야 합니다. 글씨의 기둥 역할을 하는 'ㅣ'는 쓰기 시작할 때 힘을 주고 점차 힘을 빼면서 살짝 퉁기는 기분으로 빠르게 내려긋습니다. 'ㅡ'는 처음부터 끝까지 일정한 힘을 줘 긋습니다.

　선 긋기 연습이 끝나면 'ㄱ' 'ㄴ' 'ㅅ' 'ㅇ'을 연습합니다. 'ㄱ'과 'ㄴ'은 꺾이는 부분을 직각으로 하지 말고 살짝 굴려줘야 글씨를 부드럽게 빨리 쓸 수 있습니다. 'ㅇ'은 크게 쓰는 것이 중요합니다. 'ㅇ'은 글자의 얼굴격이기 때문입니다. 작게 쓰면 백발백중 글씨가 지저분하게 보입니다.

　다음엔 자음·모음 배열법입니다. 글자 모양을 '◁' '△' '◇' 'ㅁ' 안에 집어넣는다고 생각하고 씁니다. 예를 들어 '서' '상' 등은 '◁'모양, '읽'은 'ㅁ'모양에 맞춰 쓰는 식입니다. 글씨를 이어 쓸 때는 옆 글자와 키를 맞춰줘야 합니다. 키가 안 맞으면 보기 흉합니다. 글씨를 빨리 쓸 때는 글자에 약간 경사를 주면 됩니다. 이때는 가로획만 살짝 오른쪽 위로 올리고, 세로획은 똑바로 내려긋습니다.

예

이책의 구성과 특징

❶ 글씨 쓰기는 집중력과 두뇌 발달에 도움을 줍니다.

❷ 흐린 글씨를 따라 쓰고 빈칸에 맞추어 쓰다 보면
한글 자형의 구조를 알 수 있습니다.

❸ 글씨쓰기의 모든 칸을 원고지로 구성하여 바르고 고른 글씨
를 연습하는데 좋습니다.

❹ 원고지 사용법을 기록하여 대화글 쓰는데 도움이 됩니다.
예 ? (물음표) – 묻는 문장 끝에 씁니다.

❺ 단원 끝나는 부분에 틀리기 쉬운 글자를 한번 더 복습하여
낱말의 정확성을 키워 줍니다.

❻ 단원별 받아쓰기장으로 낱말과 문장을 한번 더 복습하게 하
였습니다.

 글씨를 쓸 때의 올바른 자세에 대해 알아보아요.

고개를 조금만
숙입니다.

글씨를 쓰지 않는
손으로 공책을
살짝 눌러 줍니다.

허리를 곧게
폅니다.

엉덩이를 의자
뒤쪽에 붙입니다.

두 발은 바닥에
나란히 닿도록
합니다.

 연필을 바르게 잡는 방법을 알아보아요.

엄지손가락과
집게손가락의 모양을
둥글게 하여 연필을
잡습니다.

연필을 잡을 때에
너무 힘을 주면
안 돼요.

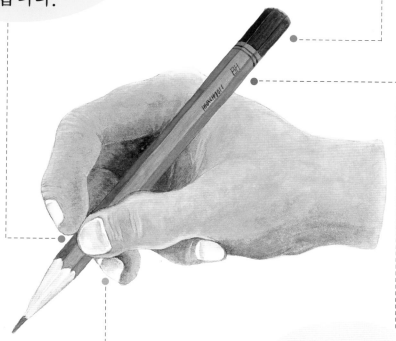

가운뎃손가락으로
연필을 받칩니다.

연필을 너무
세우거나 눕히지
않습니다.

School
Life

목차

1. 즐거운 마음으로

I. 즐거운 마음으로

 연필을 바르게 잡고 다음 낱말을 따라 써 보아요.

꽃	향	기	꽃	향	기
꽃	향	기	꽃	향	기

다	정	해	다	정	해
다	정	해	다	정	해

동	화	동	화	동	화
동	화	동	화	동	화

생	각	생	각	생	각
생	각	생	각	생	각

연필을 바르게 잡고 다음 낱말을 따라 써 보아요.

아 침

아 침 아 침

아 침 아 침 아 침

나 팔 꽃

나 팔 꽃

나 팔 꽃 나 팔 꽃

세 수

세 수 세 수

세 수 세 수 세 수

노 래

노 래 노 래

노 래 노 래 노 래

 연필을 바르게 잡고 다음 낱말을 따라 써 보아요.

강아지 　강아지
강아지　강아지

고양이　고양이
고양이　고양이

신발　신발신발
신발　신발신발

이슬　이슬이슬
이슬　이슬이슬

연필을 바르게 잡고 다음 낱말을 따라 써 보아요.

살래살래

우유병

꿀밤

쫑긋쫑긋

 연필을 바르게 잡고 다음 낱말을 따라 써 보아요.

 만 화 책　　만 화 책

 일 기　　일 기 일 기

 허 둥 지 둥　　지 둥

 지 각　　지 각 지 각

 연필을 바르게 잡고 다음 낱말을 따라 써 보아요.

아 버 지   아 버 지
아 버 지   아 버 지

요 리 사   요 리 사
요 리 사   요 리 사

당 근   당 근 당 근
당 근   당 근 당 근

완 두 콩   완 두 콩
완 두 콩   완 두 콩

 다음 글을 읽고 문장을 따라 써 보아요.

신발 물어 던진

강아지 녀석 혼내

주려다 그만뒀다.

다음 글을 읽고 문장을 따라 써 보아요.

살 래 살 래　흔 드 는

살 래 살 래　흔 드 는

살 래 살 래　흔 드 는

고　꼬 리　땜 에 …… .

고　꼬 리　땜 에 …… .

고　꼬 리　땜 에 …… .

I. 즐거운 마음으로

 다음 글을 읽고 문장을 따라 써 보아요.

우유병 넘어뜨린

고양이 녀석 꿀밤을 ✓

먹이려다 그만 뒀다.

다음 글을 읽고 문장을 따라 써 보아요.

쫑긋쫑긋 세우는
쫑긋쫑긋 세우는
쫑긋쫑긋 세우는

고 귀 땜에…….
고 귀 땜에…….
고 귀 땜에…….

 다음 글을 읽고 문장을 따라 써 보아요.

내 친구는 고양이

내 친구는 고양이

밖에 없고, 고양이

밖에 없고, 고양이

친구도 나밖에 없고.

친구도 나밖에 없고

다음 글을 읽고 문장을 따라 써 보아요.

저녁나절, 엄마 오

는 소리인가 발소리

에 귀 기울여 보아,

I. 즐거운 마음으로

 '시간을 나타내는 말'을 읽고 따라 써 보아요.

어느 여름날 여름날
어느 여름날 여름날

이듬해 봄이듬해 봄
이듬해 봄이듬해 봄

그해 가을그해 가을
그해 가을그해 가을

20

'이어 주는 말'을 읽고 따라 써 보아요.

그 리 고   그 리 고 그 리 고
그 리 고   그 리 고 그 리 고

그 래 서   그 래 서 그 래 서
그 래 서   그 래 서 그 래 서

마 침 내   마 침 내 마 침 내
마 침 내   마 침 내 마 침 내

 틀린 글자예요. 바르게 고쳐 써 보아요.

| 늦짬 | 늦 잠 | 늦 잠 늦 잠 |
| | | 늦 잠 늦 잠 |

| 복음밥 | 볶 음 밥 | 볶 음 밥 |
| | | 볶 음 밥 볶 음 밥 |

| 프른
완두콩 | 푸 른 | 푸 른 푸 른 |
| | | 푸 른 푸 른 푸 른 |

| 솔찍
하게 | 솔 직 | 솔 직 솔 직 |
| | | 솔 직 솔 직 솔 직 |

2. 꼼꼼히 살펴보아요

2. 꼼꼼히 살펴보아요

 연필을 바르게 잡고 다음 낱말을 따라 써 보아요.

 송편   송편 송편
송편   송편 송편

 추석   추석 추석
추석   추석 추석

 음식   음식 음식
음식   음식 음식

 보름달   보름달
보름달   보름달

글씨체 1-2학기

 연필을 바르게 잡고 다음 낱말을 따라 써 보아요.

반 달　반 달 반 달
반 달　반 달 반 달

쌀 가 루　쌀 가 루
쌀 가 루　쌀 가 루

팥　팥　팥　팥
팥　팥　팥　팥

밤　밤　밤　밤
밤　밤　밤　밤

2. 꼼꼼히 살펴보아요

 연필을 바르게 잡고 다음 낱말을 따라 써 보아요.

제비꽃 　제비꽃
제비꽃 　제비꽃

달맞이꽃 달맞이
달맞이꽃달맞이

씨앗 　씨앗씨앗
씨앗 　씨앗씨앗

기름 기름기름
기름 기름기름

 연필을 바르게 잡고 다음 낱말을 따라 써 보아요.

울퉁불퉁

꿀벌

빙글빙글

춤

2. 꼼꼼히 살펴보아요

 연필을 바르게 잡고 다음 낱말을 따라 써 보아요.

봄　　봄　　봄　　봄
봄　　봄　　봄　　봄

여름　　여름여름
여름　　여름여름

가을　　가을가을
가을　　가을가을

겨울　　겨울겨울
겨울　　겨울겨울

 연필을 바르게 잡고 다음 낱말을 따라 써 보아요.

공 책

공 책 공 책
공 책 공 책 공 책

가 발

가 발 가 발
가 발 가 발 가 발

누 나

누 나 누 나
누 나 누 나 누 나

바 람

바 람 바 람
바 람 바 람 바 람

 다음 글을 읽고 문장을 따라 써 보아요.

제	비	꽃	은		제	비	가
제	비	꽃	은		제	비	가
돌	아	오	는		봄	에		핀	다
돌	아	오	는		봄	에		핀	다
고		하	여		붙	여	진		이
고		하	여		붙	여	진		이

다음 글을 읽고 문장을 따라 써 보아요.

름입니다. 제비꽃은

산이나 들에서 볼

수 있는 들꽃입니다.

2. 꼼꼼히 살펴보아요

 다음 글을 읽고 문장을 따라 써 보아요.

달맞이 꽃은 달이 ✓

달맞이 꽃은 달이

뜰 무렵에 피는 들

뜰 무렵에 피는 들

꽃이라서 붙여진 이

꽃이라서 붙여진 이

다음 글을 읽고 문장을 따라 써 보아요.

름입니다. 씨앗은   기

름을   만들어   약으로

쓰이기도   합니다.

 내가 좋아하는 물건을 소개하며 따라 써 보아요.

크 레 파 스　　크 레 파 스
크 레 파 스　　크 레 파 스

장 난 감　　장 난 감 장 난 감
장 난 감　　장 난 감 장 난 감

축 구 공　　축 구 공 축 구 공
축 구 공　　축 구 공 축 구 공

글씨체 1-2학기

 내가 좋아하는 물건을 소개하며 따라 써 보아요.

운 동 화

동 화 책

로 봇

35

틀린 글자예요. 바르게 고쳐 써 보아요.

체소	채 소 채 소 채 소 채 소 채 소 채 소

시게	시 계 시 계 시 계 시 계 시 계 시 계

학꾜	학 교 학 교 학 교 학 교 학 교 학 교

나문잎	나 뭇 잎 나 뭇 잎 나 뭇 잎 나 뭇 잎

3. 생각을 전해요

3. 생각을 전해요

 연필을 바르게 잡고 다음 낱말을 따라 써 보아요.

나 그 네 　나 그 네
나 그 네 　나 그 네

외 투 　외 투 외 투
외 투 　외 투 외 투

햇 살 　햇 살 햇 살
햇 살 　햇 살 햇 살

땀 땀 　땀 　땀
땀 　땀 　땀 　땀

 연필을 바르게 잡고 다음 낱말을 따라 써 보아요.

연 필　　연 필 연 필
　　　　연 필　　연 필 연 필

반 지　　반 지 반 지
　　　　반 지　　반 지 반 지

손 가 락　　손 가 락
　　　　　손 가 락　　손 가 락

양 말　　양 말 양 말
　　　　양 말　　양 말 양 말

3. 생각을 전해요

 연필을 바르게 잡고 다음 낱말을 따라 써 보아요.

냄 새	냄	새	냄	새
	냄	새	냄	새

장 터	장	터	장	터
	장	터	장	터

장 사	장	사	장	사
	장	사	장	사

부 자	부	자	부	자
	부	자	부	자

연필을 바르게 잡고 다음 낱말을 따라 써 보아요.

맛 있 는　　맛 있 는
맛 있 는　　맛 있 는

구 두 쇠　　구 두 쇠
구 두 쇠　　구 두 쇠

엽 전　엽 전 엽 전
엽 전　엽 전 엽 전

공 짜　공 짜 공 짜
공 짜　공 짜 공 짜

3. 생각을 전해요

 연필을 바르게 잡고 다음 낱말을 따라 써 보아요.

생 일	생 일	생 일
생 일	생 일	생 일

선 물	선 물	선 물
선 물	선 물	선 물

자 전 거	자 전 거
자 전 거	자 전 거

건 강	건 강	건 강
건 강	건 강	건 강

연필을 바르게 잡고 다음 낱말을 따라 써 보아요.

김 치 　김 치 김 치
김 치 　김 치 김 치

햄 버 거 　햄 버 거
햄 버 거 　햄 버 거

쓰 레 기 　쓰 레 기
쓰 레 기 　쓰 레 기

코 끼 리 　코 끼 리
코 끼 리 　코 끼 리

3. 생각을 전해요

 다음 글을 읽고 문장을 따라 써 보아요.

바람을 세게 불면 ✓
바람을 세게 불면

나그네의 외투를 벗
나그네의 외투를 벗

길 수 있을 거야.
길 수 있을 거야.

다음 글을 읽고 문장을 따라 써 보아요.

햇살을 따뜻하게

햇살을 따뜻하게

비추면 나그네의 외

비추면 나그네의 외

투를 벗길 수 있어.

투를 벗길 수 있어

 다음 글을 읽고 문장을 따라 써 보아요.

하 나 ,　둘 ,　셋 ,　넷 ,

하 나 ,　둘 ,　셋 ,　넷 ,

다 섯　마 리 로 구 나 . 둥

다 섯　마 리 로 구 나 . 둥

지 째　떼 어　갈 까 !

지 째　떼 어　갈 까 !

다음 글을 읽고 문장을 따라 써 보아요.

며칠만 더 있으면

며칠만 더 있으면

고운 털이 날 테니

고운 털이 날 테니

그때 가져가십시오.

그때 가져가십시오.

47

 '기분을 좋게 하는 말'을 읽고 따라 써 보아요.

행	복	해	요	행	복	해	요
행	복	해	요	행	복	해	요

고	마	워	요	고	마	워	요
고	마	워	요	고	마	워	요

사	랑	해	요	사	랑	해	요
사	랑	해	요	사	랑	해	요

 '기분을 상하게 하는 말'을 읽고 따라 써 보아요.

| 짜 | 증 | | 나 | 요 | 짜 | 증 | 나 | 요 |
| 짜 | 증 | | 나 | 요 | 짜 | 증 | 나 | 요 |

| 미 | 워 | 요 | | 미 | 워 | 요 | 미 | 워 | 요 |
| 미 | 워 | 요 | | 미 | 워 | 요 | 미 | 워 | 요 |

| 싫 | 어 | 요 | | 싫 | 어 | 요 | 싫 | 어 | 요 |
| 싫 | 어 | 요 | | 싫 | 어 | 요 | 싫 | 어 | 요 |

49

 틀린 글자예요. 바르게 고쳐 써 보아요.

나그내	나 그 네	나 그 네
	나 그 네	나 그 네

햇님	해 님	해 님 해 님
	해 님	해 님 해 님

송글송글	송 글 송 글	송 글
	송 글 송 글	송 글

높으신	높 으 신	높 으 신
	높 으 신	높 으 신

4. 다정하게 지내요

4. 다정하게 지내요

 연필을 바르게 잡고 다음 낱말을 따라 써 보아요.

체 험　체 험 체 험
체 험　　체 험 체 험

고 구 마　고 구 마
고 구 마　고 구 마

할 머 니　할 머 니
할 머 니　할 머 니

호 미　호 미 호 미
호 미　호 미 호 미

연필을 바르게 잡고 다음 낱말을 따라 써 보아요.

주 렁 주 렁   주 렁
주 렁 주 렁   주 렁

시 골   시 골 시 골
시 골   시 골 시 골

땅 속   땅 속 땅 속
땅 속   땅 속 땅 속

뜨 거 운   뜨 거 운
뜨 거 운   뜨 거 운

4. 다정하게 지내요

 연필을 바르게 잡고 다음 낱말을 따라 써 보아요.

농부　농부농부
농부　농부농부

송아지　송아지
송아지　송아지

무　무　무　무
무　무　무　무

사또　사또사또
사또　사또사또

 연필을 바르게 잡고 다음 낱말을 따라 써 보아요.

이 모　　　이 모 이 모
이 모　　　이 모 이 모

결 혼 식　　결 혼 식
결 혼 식　　결 혼 식

드 레 스　　드 레 스
드 레 스　　드 레 스

비 행 기　　비 행 기
비 행 기　　비 행 기

4. 다정하게 지내요

 동물 그림을 보고 단어를 따라 써 보아요.

원숭이　　원숭이
원숭이　　원숭이

베짱이　　베짱이
베짱이　　베짱이

너구리　　너구리
너구리　　너구리

개미　개미　개미
개미　개미　개미

동물 그림을 보고 단어를 따라 써 보아요.

악어　악어악어
악어　악어악어

토끼토끼
토끼　토끼토끼

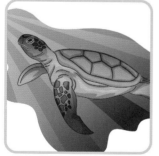

거북이　거북이
거북이　거북이

다람쥐　다람쥐
다람쥐　다람쥐

57

 다음 글을 읽고 문장을 따라 써 보아요.

신영이는 호미로
신영이는 호미로

땅을 파서 고구마를✓
땅을 파서 고구마를

캐내었습니다.
캐내었습니다.

다음 글을 읽고 문장을 따라 써 보아요.

고구마가 땅 속에서

주렁주렁 나오는 모

습이 신기했습니다.

59

 다음 글을 읽고 문장을 따라 써 보아요.

이모께서는   그리스

이모께서는   그리스

의   작은   마을에서

의   작은   마을에서

결혼식을   하십니다.

결혼식을   하십니다.

다음 글을 읽고 문장을 따라 써 보아요.

이 모 부 의　 첫 인 상 은 ✓

낮 설 기 만　 하 고　 마 음

에　 들 지　 않 았 어 요 .

4. 다정하게 지내요

 '친구들과 하는 인사말' 을 읽고 따라 써 보아요.

머 리 띠 가   예 쁘 구 나 !

머 리 띠 가   예 쁘 구 나 !

머 리 띠 가   예 쁘 구 나 !

고 마 워 . 잘   썼 어 .

고 마 워 . 잘   썼 어 .

고 마 워 . 잘   썼 어 .

'특별한 때의 인사말'을 읽고 따라 써 보아요.

생신을 축하합니다.

생신을 축하합니다.

생신을 축하합니다.

결혼을 축하해요.

결혼을 축하해요.

결혼을 축하해요.

4 다정하게 지내요

글씨체 1-2학기

 틀린 글자예요. 바르게 고쳐 써 보아요.

| 꼬츨 뿌리는 | 꽃을 | 꽃을 꽃을 |
| | | 꽃을 꽃을 꽃을 |

| 드래스 | 드레스 | 드레스 |
| | 드레스 | 드레스 |

| 돋짜리 | 돗자리 | 돗자리 |
| | 돗자리 | 돗자리 |

| 낫선 이모부 | 낯선 | 낯선 낯선 |
| | 낯선 | 낯선 낯선 |

64

5. 더 알고 싶어요

5. 더 알고 싶어요

 연필을 바르게 잡고 다음 낱말을 따라 써 보아요.

| 표 | 지 | 판 | 표 | 지 | 판 |
| 표 | 지 | 판 | 표 | 지 | 판 |

| 박 | 물 | 관 | 박 | 물 | 관 |
| 박 | 물 | 관 | 박 | 물 | 관 |

| 위 | 험 | 한 | 위 | 험 | 한 |
| 위 | 험 | 한 | 위 | 험 | 한 |

| 사 | 진 | 사 | 진 | 사 | 진 |
| 사 | 진 | 사 | 진 | 사 | 진 |

 연필을 바르게 잡고 다음 낱말을 따라 써 보아요.

유 리 창 　유 리 창

유 리 창 　유 리 창

인 형 　인 형 인 형

인 형 　인 형 인 형

문 어 　문 어 문 어

문 어 　문 어 문 어

칫 솔 　칫 솔 칫 솔

칫 솔 　칫 솔 칫 솔

5. 더 알고 싶어요

 연필을 바르게 잡고 다음 낱말을 따라 써 보아요.

낙 하 산   낙 하 산
낙 하 산   낙 하 산

민 들 레   민 들 레
민 들 레   민 들 레

도 꼬 마 리   마 리
도 꼬 마 리   마 리

갈 고 리   갈 고 리
갈 고 리   갈 고 리

 연필을 바르게 잡고 다음 낱말을 따라 써 보아요.

인 사 　인 사 인 사
　　　인 사 인 사

멕 시 코 　멕 시 코
멕 시 코 　멕 시 코

사 우 디 아 라 비 아
사 우 디 아 라 비 아

어 깨 　어 깨 어 깨
어 깨 　어 깨 어 깨

5. 더 알고 싶어요

 연필을 바르게 잡고 다음 낱말을 따라 써 보아요.

민속놀이　민속
민속놀이　민속

팽이치기　팽이
팽이치기　팽이

그림자　그림자
그림자　그림자

꼬리　꼬리 꼬리
꼬리　꼬리 꼬리

70

연필을 바르게 잡고 다음 낱말을 따라 써 보아요.

허 리   허 리 허 리
허 리   허 리 허 리

술 래   술 래 술 래
술 래   술 래 술 래

가 위 바 위 보
가 위 바 위 보

손 바 닥   손 바 닥
손 바 닥   손 바 닥

 다음 글을 읽고 문장을 따라 써 보아요.

민들레의 가는 실 ✓

민들레의 가는 실

끝에는 털이 여러

끝에는 털이 여러

개 달려 있습니다.

개 달려 있습니다.

다음 글을 읽고 문장을 따라 써 보아요.

이 털이 있어 민

들레는 멀리까지 날

아갈 수 있습니다.

5. 더 알고 싶어요

 다음 글을 읽고 문장을 따라 써 보아요.

우리나라 사람들은 ✓
우리나라 사람들은

허리를 굽혀 인사합
허리를 굽혀 인사합

니다. 상대방과 조금 ✓
니다. 상대방과 조금

글씨체 1-2학기

다음 글을 읽고 문장을 따라 써 보아요.

떨 어 져 서　바 른　자 세

로　인 사 합 니 다 . 인 사

말 도　주 고 받 습 니 다 .

75

 내가 좋아하는 사람을 소개하고 써 보아요.

우 리　담 임　선 생 님

은　키 가　크 시 고　안

경 을　끼 셨 습 니 다.

내가 좋아하는 사람을 소개하고 써 보아요.

운 동 도 　 잘 하 시 고

공 부 도 　 자 상 하 게 　 가

르 쳐 　 주 십 니 다 .

 틀린 글자예요. 바르게 고쳐 써 보아요.

꼽슬꼽슬	곱슬곱슬 곱슬
	곱슬곱슬 곱슬

동그라 습니다	동그랗습니다
	동그랗습니다

제롱둥이	재롱둥이 재롱
	재롱둥이 재롱

동전 같은 무니	무늬 무늬무늬
	무늬 무늬무늬

6. 이렇게 해 보아요

6. 이렇게 해 보아요

 연필을 바르게 잡고 다음 낱말을 따라 써 보아요.

약 속　약 속약 속
약 속　약 속약 속

공 원　공 원공 원
공 원　공 원공 원

시 계 탑　시 계 탑
시 계 탑　시 계 탑

심 부 름　심 부 름
심 부 름　심 부 름

연필을 바르게 잡고 다음 낱말을 따라 써 보아요.

바다

바다바다
바다 바다바다

텔레비전

텔레비전

샴푸

샴푸샴푸
샴푸 샴푸샴푸

비누

비누비누
비누 비누비누

6. 이렇게 해 보아요

 연필을 바르게 잡고 다음 낱말을 따라 써 보아요.

숙제　숙제 숙제
숙제　숙제 숙제

가족　가족 가족
가족　가족 가족

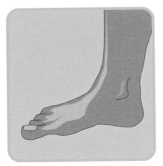

맨발　맨발 맨발
맨발　맨발 맨발

도화지　도화지
도화지　도화지

82

연필을 바르게 잡고 다음 낱말을 따라 써 보아요.

모 자   모 자 모 자
모 자   모 자 모 자

곰   곰   곰   곰
곰   곰   곰   곰

그 림 책   그 림 책
그 림 책   그 림 책

우 유   우 유 우 유
우 유   우 유 우 유

 다음 글을 읽고 문장을 따라 써 보아요.

도	서	관	도	서	관
도	서	관	도	서	관

사	과	사	과	사	과
사	과	사	과	사	과

얼	굴	얼	굴	얼	굴
얼	굴	얼	굴	얼	굴

양	양	양	양
양	양	양	양

연필을 바르게 잡고 다음 낱말을 따라 써 보아요.

얼음 얼음 얼음
얼음 얼음 얼음

북극곰 북극곰
북극곰 북극곰

하늘 하늘 하늘
하늘 하늘 하늘

눈 눈 눈 눈
눈 눈 눈 눈

6. 이렇게 해 보아요

 다음 글을 읽고 문장을 따라 써 보아요.

동생이 그림을 그

동생이 그림을 그

렸는데, 바다를 빨갛

렸는데, 바다를 빨갛

게 칠하였다.

게 칠하였다.

다음 글을 읽고 문장을 따라 써 보아요.

나는 깜짝 놀라서 ✓

나는 깜짝 놀라서

바다는 빨간색이 아

바다는 빨간색이 아

니라고 하였다.

니라고 하였다.

 다음 글을 읽고 문장을 따라 써 보아요.

우리 가족의 발은 ✓

우리 가족의 발은

어떻게 생겼을까요? ✓

어떻게 생겼을까요?

날마다 같이 지내면

날마다 같이 지내면

 다음 글을 읽고 문장을 따라 써 보아요.

서도 우리 가족의

발을 자세히 본 적

은 없었습니다.

6. 이렇게 해 보아요

 '기분 좋은 말'을 읽고 따라 써 보아요.

기	뻐	요		기	뻐	요	기	뻐	요
기	뻐	요		기	뻐	요	기	뻐	요
좋	아	요		좋	아	요	좋	아	요
좋	아	요		좋	아	요	좋	아	요
힘	내	요		힘	내	요	힘	내	요
힘	내	요		힘	내	요	힘	내	요

'기분 좋은 말' 을 읽고 따라 써 보아요.

최 고 예 요　　최 고 예 요
최 고 예 요　　최 고 예 요

미 안 해 요　　미 안 해 요
미 안 해 요　　미 안 해 요

반 가 워 요　　반 가 워 요
반 가 워 요　　반 가 워 요

 틀린 글자예요. 바르게 고쳐 써 보아요.

일어 버리고	잃 어 버 리 고
	잃 어 버 리 고

멘발	맨 발 맨 발 맨 발
	맨 발 맨 발 맨 발

발디꿈치	발 뒤 꿈 치 뒤 꿈 치
	발 뒤 꿈 치 뒤 꿈 치

차레	차 례 차 례 차 례
	차 례 차 례 차 례

7. 상상의 날개를 펴고

7. 상상의 날개를 펴고

 연필을 바르게 잡고 다음 낱말을 따라 써 보아요.

입	입	입	입
입	입	입	입

김 장		김 장	김 장
김 장		김 장	김 장

하 안	솜	하 안
하 안	솜	하 안

지 붕	지 붕	지 붕
지 붕	지 붕	지 붕

 연필을 바르게 잡고 다음 낱말을 따라 써 보아요.

이 불 　이 불　이 불
　　　　이 불　이 불　이 불

밭　밭　밭　밭
밭　밭　밭　밭

선 녀　선 녀　선 녀
선 녀　선 녀　선 녀

별　별　별　별
별　별　별　별

 연필을 바르게 잡고 다음 낱말을 따라 써 보아요.

나 무

숲

황 소

외 양 간

 연필을 바르게 잡고 다음 낱말을 따라 써 보아요.

새 앙 쥐   새 앙 쥐
새 앙 쥐   새 앙 쥐

고 드 름   고 드 름
고 드 름   고 드 름

수 엽   수 염 수 염
수 엽   수 염 수 염

콧 구 멍   콧 구 멍
콧 구 멍   콧 구 멍

97

7. 상상의 날개를 펴고

 연필을 바르게 잡고 다음 낱말을 따라 써 보아요.

곱슬머리　머리
곱슬머리　머리

아빠　아빠아빠
아빠　아빠아빠

잠꾸러기 꾸러기
잠꾸러기 꾸러기

책　읽기　읽기
책　읽기　읽기

 연필을 바르게 잡고 다음 낱말을 따라 써 보아요.

방 귀

초 가 집

풀

절 구 통

7. 상상의 날개를 펴고

 다음 글을 읽고 문장을 따라 써 보아요.

"아이참, 아빠도 …

…. 서서 잠을 자면 ✓

나무가 너무 힘들잖

다음 글을 읽고 문장을 따라 써 보아요.

아요? 누워서 편하

게 자라고 이렇게

그렸어요."

7. 상상의 날개를 펴고

 다음 글을 읽고 문장을 따라 써 보아요.

저쪽 아저씨 구유

에 밥찌꺼기가 있다

고 건넛집 할머니께

 다음 글을 읽고 문장을 따라 써 보아요.

서 가르쳐 주셨어요.

서 가르쳐 주셨어요

제발 먹을 걸 가져

제발 먹을 걸 가져

가게 해 주세요.

가게 해 주세요.

 '기분 좋은 말'을 읽고 따라 써 보아요.

잘 했 어 요   잘 했 어 요
잘 했 어 요   잘 했 어 요

믿 어 요   믿 어 요 믿 어 요
믿 어 요   믿 어 요 믿 어 요

보 고   싶 어 요   싶 어 요
보 고   싶 어 요   싶 어 요

'기분 좋은 말'을 읽고 따라 써 보아요.

잘 될   거 예 요

잘 될   거 예 요

걱 정 하 지   마 세 요

걱 정 하 지   마 세 요

보 기   좋 아 요   좋 아 요

보 기   좋 아 요   좋 아 요

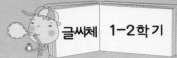
 틀린 글자예요. 바르게 고쳐 써 보아요.

| 방구 | 방 귀 | 방 귀 방 귀 |
| | | 방 귀 방 귀 방 귀 |

| 늦짬 꾸러기 | 늦 잠 꾸 러 기 | 늦 잠 |
| | | 늦 잠 꾸 러 기 늦 잠 |

| 엄마 달맛다 | 닮 았 다 | 닮 았 다 |
| | | 닮 았 다 닮 았 다 |

| 높낫이 | 높 낮 이 | 높 낮 이 |
| | | 높 낮 이 높 낮 이 |

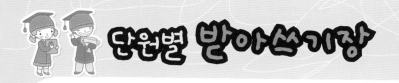

단원별 받아쓰기장

1 즐거운 마음으로

1. 나팔꽃이 일어나래요
2. 아침 이슬이 세수하래요
3. 방긋 방긋
4. 아침 해가 노래하재요
5. 신발 물어 던진
6. 강아지 녀석
7. 그만뒀다
8. 살래살래 흔드는
9. 꼬리 땜에
10. 우유병 넘어뜨린

1. 고양이 녀석
2. 꿀밤을 먹이려다
3. 쫑긋쫑긋 세우는
4. 고양이는 나만 따라 해
5. 신문지 밑에 숨어도
6. 문 뒤에 숨어도
7. 책상 밑에 숨어도
8. 놀다가 심심하면
9. 고양이 밖에 없고
10. 저녁나절

1. 엄마 오는 소리
2. 발소리에 귀 기울여
3. 깜깜한 창밖
4. 살펴보는 거야
5. 무섭지 않아
6. 몸을 크게 부풀리고
7. 겁나지 않을 만큼
8. 어느 여름날
9. 이듬해 봄
10. 그해 가을

1. 흥부와 놀부
2. 주렁주렁
3. 커다란 나무
4. 봄 여름 가을 겨울
5. 배가 고팠습니다
6. 동생과 함께
7. 물고기를 잡았습니다
8. 허둥지둥
9. 아버지는 요리사
10. 푸른 완두콩

단원별 받아쓰기장

2 꼼꼼히 살펴보아요

1. 대표적인 음식
2. 반달 모양
3. 반죽 덩어리
4. 송편의 소
5. 다양한 재료
6. 여러 가지 색이나 향
7. 작고 노란 꽃
8. 괭이밥이라는 들꽃
9. 배 아플 때
10. 제비가 돌아오는

1. 앉은뱅이꽃
2. 달이 뜰 무렵
3. 이튿날 아침
4. 달맞이꽃의 씨앗
5. 울퉁불퉁
6. 뚱딴지 뿌리
7. 춤을 잘 춥니다
8. 빙글빙글 돌면서
9. 우주 탐사
10. 실험용 동물

1. 지난 여름
2. 봄은 따뜻하고
3. 가을은 시원합니다
4. 나뭇잎이 물들어
5. 밥과 국
6. 숟가락과 젓가락
7. 자전거의 값
8. 사람이 앉는 곳
9. 자전거 안장
10. 푹신해서

1. 김치가 뭐니
2. 고유한 음식
3. 맵지만 맛있고
4. 가장 아끼는
5. 모형 비행기
6. 얇은 나무
7. 필통은 좋습니다
8. 현장 체험 학습
9. 가볍고 잘 날아갑니다
10. 반갑다고 웃으며

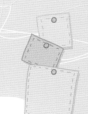

3 생각을 전해요

1. 국밥 냄새
2. 바람과 해님
3. 가장 힘이 세
4. 나그네의 외투
5. 바람을 세게 불면
6. 옷을 꽉 잡았습니다
7. 햇살을 비추자
8. 따뜻하게 비추면
9. 송골송골 맺혔습니다
10. 단단히 잡고

1. 숨을 쉴 수 없어
2. 연필을 잡을 수 없어
3. 반듯하게
4. 코와 입
5. 벽에 부딪히고
6. 돌부리에 걸려
7. 상처투성이
8. 훌륭한 일
9. 우리가 최고야
10. 예쁜 반지

1. 양말과 신발
2. 며칠이 지나서
3. 한 마리도 없고
4. 바람에 울고
5. 슬퍼하는 나무
6. 모두 꺼내 가야지
7. 착한 도련님
8. 새끼 새
9. 하나 둘 셋 넷 다섯
10. 허리춤에 넣고

1. 둥지째 떼어
2. 냄새 맡은
3. 구두쇠 영감
4. 나쁜 사람
5. 돈주머니를 꺼내어
6. 엽전 소리
7. 눈이 휘둥그레
8. 틀림없이 들었네
9. 잠자리 동동
10. 메뚜기 동동

단원별 받아쓰기장

4 다정하게 지내요

1. 고구마 캐기
2. 호미로 땅을 파서
3. 땅속에서 주렁주렁
4. 달콤한 냄새
5. 뜨거운 고구마
6. 호호 불어 가며
7. 어느 가을날
8. 희고 탐스러운
9. 무가 쑥쑥 뽑혀
10. 어깨가 들썩들썩

1. 커다란 무
2. 굵고 긴 무
3. 고을 사또
4. 귀한 선물
5. 송아지 한 마리
6. 욕심꾸러기 농부
7. 살찐 송아지
8. 마당 구석구석
9. 바둑아 어디에 있니
10. 여기저기 돌아다니다

1. 얼마나 찾았는데
2. 이모의 결혼식
3. 따르릉 따르릉
4. 꽃을 뿌리는 사람
5. 드레스를 입고
6. 그리스의 한 작은 마을
7. 비행기를 타고
8. 이모부의 첫인상
9. 낯설기만 하고
10. 아주 기뻐서

1. 어른들은 참 이상해요
2. 바닷가 옆 식당
3. 돗자리를 깔고
4. 한복으로 갈아입고
5. 초인종 소리
6. 장갑을 끼다
7. 신발을 신다
8. 머리띠가 예쁘구나
9. 전학 가서도 잘 지내
10. 결혼을 축하해요

불러주는 내용을 기억하며 바르게 써 보아요.

5 더 알고 싶어요

1. 많은 표지판
2. 위험한 일
3. 목이 마르면
4. 사진을 찍으면
5. 자연은 발명왕
6. 문어의 빨판
7. 칫솔걸이
8. 본떠 만든 물건
9. 둥둥 떠서
10. 낙하산을 이용하면

1. 도꼬마리 열매
2. 갈고리 모양
3. 새나 짐승의 털
4. 단추나 끈보다
5. 이런 인사
6. 인사를 나눕니다
7. 허리를 굽혀
8. 바른 자세로 인사
9. 멕시코 사람
10. 서로 껴 안으며

1. 뺨을 대며
2. 어깨를 두드리며
3. 재미있는 놀이
4. 팽이치기
5. 꼬리잡기
6. 그림자밟기
7. 맨 앞의 사람
8. 허리를 잡고
9. 납작한 돌
10. 한 줄로 세워 놓고

1. 돌을 맞혀
2. 곱슬곱슬해서
3. 크고 동그랗습니다
4. 혀를 날름거리며
5. 우리집 재롱둥이
6. 예쁘고 화려해서
7. 왕관과 같이
8. 예쁜 동전 같은 무늬
9. 마치 부채처럼
10. 멋진 모양

6 이렇게 해 보아요

1. 시계탑 앞
2. 어머니 심부름
3. 약속 시간에 늦은
4. 파란 바다
5. 빨갛게 칠하였다
6. 더러운 바다
7. 소중히 여기지 않고
8. 샴푸와 비누
9. 텅 빈 필통
10. 받아쓰기를 하려고

1. 깜빡 잊고
2. 짝꿍인 수영이에게
3. 연필을 빌려 가서
4. 딱 한 자루
5. 가족의 발
6. 재미있는 숙제
7. 저녁 식사를 마치고
8. 발 내밀어 봐
9. 까만 맨발
10. 간지럽다며

1. 할머니의 발
2. 발뒤꿈치
3. 거칠고 딱딱하였습니다
4. 아침부터 저녁까지
5. 응석 부린 일
6. 정성스럽게
7. 분홍 꽃을 하나하나
8. 구름처럼 퍼져 나가
9. 김치가 싫어요
10. 영양분이 아주 많대요

1. 동생과 다투지 마
2. 밤늦게까지
3. 숙제가 참 싫어요
4. 위험할 수 있어요
5. 내가 다쳤을 때
6. 질서를 지켜야 해
7. 조용히 해요
8. 시끄럽게 말하거나
9. 뛰어다니는 친구
10. 방해가 됩니다

7 상상의 날개를 펴고

1. 아버지 어렸을 때
2. 나이 먹으면
3. 김장하는 날
4. 손가락 맛이
5. 김치 한 가닥
6. 찢어 입에 넣고
7. 손가락을 빨거든요
8. 눈이 소오복히
9. 길이랑 밭이랑
10. 덮어주는 이불

1. 추운 겨울
2. 펄펄 눈이 옵니다
3. 바람 타고
4. 하늘나라 선녀님들
5. 송이송이 하얀 솜
6. 자꾸자꾸 뿌려
7. 누워서 자라
8. 성은이가 그린 그림
9. 빛나는 별
10. 숲 속에 내려와

1. 새근새근
2. 누워서 편하게
3. 황소 아저씨
4. 추운 외양간
5. 하얀 달빛
6. 새앙쥐 한 마리
7. 벽 뚫린 구멍
8. 모두 똑같구나
9. 꼬리에 튕기어
10. 굵다란 목소리

1. 밥찌꺼기
2. 건넛집 할머니
3. 고드름을 녹여
4. 눈곱도 닦고
5. 콧구멍도 씻고
6. 수염도 씻었어요
7. 술래잡기도 하고
8. 목덜미에 붙어
9. 사이좋은 식구
10. 실컷 먹으렴

113

원고지 사용법

제목쓰기
– 맨 첫째 줄은 비우고, 둘째 줄 가운데에 씁니다.

							학	교								

학교, 학년 반, 이름쓰기

- 학교는 제목 다음 줄에 쓰며, 뒤에서 세 칸을 비웁니다.
- 학년과 반은 학교 다음 줄에 쓰며, 뒤에서 세 칸을 비웁니다.
- 이름은 학년, 반 다음 줄에 쓰며, 뒤에서 두 칸을 비웁니다.
- 본문은 이름 밑에 한 줄을 띄운 후 문장이 시작될때는 항상 첫 칸을 비우고 씁니다.

						학	교							
						행	복	초	등	학	교			
						제	1	학	년		1	반		
									김	하	늘			
	친	구	와		학	교	에		가	요	.			

온점

물음표

느낌표

가운뎃점

온점과 큰따옴표
가 같이 쓰일때

온점과 작은따옴
표가 같이 쓰일때

● 아라비아 숫자는 한 칸에 두 자씩 씁니다.

	19	98	년		2	월		28	일							

● 문장 부호도 한 칸을 차지합니다.(온점)

	하	였	습	니	다	.										

● 말없음표는 한 칸에 세 개씩 나누어 두 칸에 찍습니다.

	꼭		가		보	고		싶	은	데	…	…	.			

● 문장 부호 중 물음표나 느낌표는 그 다음 글을 쓸 때는 한 칸을 비웁니다.
  그러나 온점이나 반점은 그 다음 칸을 비우지 않고 씁니다.

	하	느	님	!		하	느	님	이		정	말		계	실	까	?
	보	람	이	는		궁	금	했	습	니	다	.	누	구	한	테	
물	어	보	아	야		하	나	?		엄	마	한	테		물	어	볼
까	,	아	빠	한	테		물	어	볼	까	?						

큰따옴표

작은따옴표

2015년 7월 10일 초판 **발행**
2021년 4월 10일 5쇄 **발행**

발행처 주식회사 지원 출판
발행인 김진용

주소 경기도 파주시 탄현면 검산로 472-3
전화 031-941-4474
팩스 0303-0942-4474

등록번호 406-2008-000040호

*잘못된 책은 구입하신 서점에서 바꾸어 드립니다.